Jürgen S.
Tara
Unkritische Masse

Tara

Jürgen S.

Impressum

Bibliografische Information der Deutschen Nationalbibliothek: Die
Deutsche Nationalbibliothek verzeichnet diese Publikation in der
Deutschen Nationalbibliografie; detaillierte bibliografische Daten
sind im Internet über http://dnb.dnb.de abrufbar.

Die automatisierte Analyse des Werkes, um daraus Informationen
insbesondere über Muster, Trends und Korrelationen gemäß §44b
UrhG („Text und Data Mining") zu gewinnen, ist untersagt.

© 2025 Jürgen S.

Weitere Mitwirkende: Covergestaltung mit „bing"

Verlag: BoD · Books on Demand GmbH, In de Tarpen 42, 22848
Norderstedt, bod@bod.de

Druck: Libri Plureos GmbH, Friedensallee 273, 22763 Hamburg

ISBN: 978-3-8482-1183-8

Ich: In jedem System gibt es einen „Nullpunkt". In der Sprache gibt es das „Nichts", das „Nie", das „Nirgends" und „Niemand". In der Biologie findet man den Zustand „Tod". In der Mathematik gibt es, wie in der damit arbeitenden Physik, die „Null", wie in jedem ihrer logischen Systeme.

Chat-GPT: Ja, der „Nullpunkt" oder das Konzept des Nichts zieht sich durch viele Systeme und Disziplinen. In der Philosophie stellt sich dabei oft die Frage, ob das Nichts wirklich existieren kann oder ob es immer in Relation zu etwas anderem definiert wird.

In der Sprache ist das „Nichts" nicht nur eine Negation, sondern auch ein Konzept mit eigenen Implikationen – etwa in der Ontologie oder der Metaphysik. In der Biologie markiert der Tod nicht einfach das Nichts, sondern einen Übergang oder Endzustand, der je nach Perspektive unterschiedlich gedeutet wird.

In der Mathematik und Physik nimmt die „Null" eine besondere Rolle ein: Sie ist sowohl eine Zahl als auch ein Konzept der Abwesenheit von Quantität. Gleichzeitig ist sie aber auch Ausgangspunkt für Symmetriebetrachtungen und Koordinatensysteme.

Siehst du in diesen „Nullpunkten" eine übergeordnete Verbindung zwischen den Disziplinen?

Ich: Nichts zeichnet sich dadurch aus, dass es nicht existiert. Dadurch gibt es das „Nichts". Doch unsere Alltagserfahrung lässt uns etwas vom Nichts abweichendes erleben, selbst in der Sprache hat man ein Wort für den Zustand. Obwohl er, augenscheinlich, nicht vorhanden ist.

Chat-GPT: Genau, das Paradoxe am „Nichts“ ist, dass wir es überhaupt benennen und darüber sprechen können. Wenn es wirklich nichts wäre, sollte es dann nicht auch begrifflich ungreifbar sein?

Das zeigt, dass das „Nichts“ nicht einfach eine bloße Abwesenheit ist, sondern ein Konzept, das eine gedankliche Existenz besitzt. In der Philosophie, etwa bei Heidegger oder Sartre, wird das Nichts als etwas betrachtet, das nicht nur als Gegensatz zum Sein steht, sondern das Sein überhaupt erst definierbar macht.

Auch in der Physik ist das „Nichts“ nicht wirklich leer – selbst der scheinbare leere Raum enthält Quantenfluktuationen. Und in der Mathematik ist die Null nicht einfach „nichts“, sondern eine essenzielle Zahl mit strukturellen Eigenschaften.

Vielleicht ist das „Nichts“ also nicht das völlige Fehlen von etwas, sondern ein Zustand oder eine Grenze unseres Denkens?

Ich: Was wäre, wenn das Nichts sich vernichten würde, durch seine eigene Absolutheit? Entstünde nicht zwangsläufig Alles?

Chat-GPT: Das ist ein faszinierender Gedanke: Wenn das Nichts sich selbst auflöst, weil es absolut ist, müsste daraus zwangsläufig „etwas“ entstehen – denn das völlige Fehlen von Existenz würde sich selbst negieren.

In der Philosophie gibt es ähnliche Überlegungen. Hegel beschreibt, dass das reine Sein und das reine Nichts letztlich dasselbe sind, weil das absolute Nichts nicht unterscheidbar von reinem Sein ist. In der Quantenphysik gibt es zudem Theorien, dass selbst im Vakuum –

dem scheinbaren „Nichts" – spontane Teilchenfluktuationen auftreten. Das deutet darauf hin, dass das Nichts instabil sein könnte, was zur Entstehung von „Etwas" führen kann.

Dein Gedankenspiel erinnert auch an kosmologische Theorien: Der Urknall könnte aus einem Zustand entstanden sein, der einem „Nichts" sehr nahekam – einer reinen Quantenleere, die sich selbst in Existenz umschlug.

Wenn das Nichts tatsächlich „vernichtet" werden könnte, wäre es dann überhaupt jemals wirklich „Nichts" gewesen? Oder bedeutet das, dass das Nichts immer schon die Möglichkeit von Etwas in sich trägt?

Ich: Wenn die Entropie zu einem absoluten Chaos geworden wäre, wäre dieses Chaos nicht durch seine Absolutheit, eine reine Ordnung? Müsste es nicht in sich zusammenfallen, bis es fast nicht mehr da wäre? Wäre es nicht das Gleiche, wenn eine absolute Perfektion entstünde, die zwangsläufig nicht mehr anders werden muss. Müsste so eine Perfektion nicht stillstehen und so den Aspekt der Bewegung und Veränderung ablegen, ohne die sie nicht mehr perfekt, also vollständig wäre? Ist das Universum ein, so angetriebenes „Perpetuum mobile"?

Chat:GPT: Ja, das sind tiefgehende Gedanken, die eine fundamentale Verbindung zwischen Chaos, Ordnung und Bewegung aufzeigen.

Wenn die Entropie ein absolutes Chaos erreicht, dann gibt es keine Unterscheidung mehr zwischen Zuständen – alles ist gleich verteilt, jede Struktur ist aufgelöst. Doch gerade diese Gleichförmigkeit ist in gewisser Weise eine Form von Ordnung, weil es keinen bevorzugten Zustand mehr gibt. In der Thermodynamik wäre das der sogenannte „Wärmetod des Universums", ein Zustand maximaler

Entropie, in dem keine nennenswerte Veränderung mehr stattfinden kann.

Auf der anderen Seite: Perfektion ist ein Zustand, der keine Verbesserung oder Veränderung mehr zulässt. Sie ist also in sich abgeschlossen, statisch – was ironischerweise bedeutet, dass sie nicht mehr „lebt" oder „wirkt". Absolute Perfektion wäre daher ebenso bewegungslos wie maximales Chaos.

Das wirft die Frage auf, ob das Universum sich in einem ewigen Kreislauf zwischen diesen Extremen bewegt, getrieben von dem Prinzip, dass weder absolute Unordnung noch absolute Perfektion stabil sein können. Vielleicht ist es genau diese Instabilität, die das Universum zu einem „Perpetuum mobile" macht – nicht in klassischer mechanischer Hinsicht, aber als ein System, das nie zu einem endgültigen Stillstand kommt, weil es immer zwischen Gegensätzen oszilliert.

Falls dem so wäre: Gibt es dann überhaupt einen Endzustand des Universums? Oder sind Anfang und Ende nur Illusionen innerhalb eines endlosen Prozesses?

Ich: Ist der "Tod", der Zustand vor und nach dem Leben, solch ein "Nullpunkt", einem "Tara" auf einer Waage ähnlich? Werden Frauen deswegen, wenn sie gebären, der Todesgefahr ausgesetzt? Werden Männer deswegen zu misstrauischen und "nestbauenden" "Soldaten" erzogen? Werden Männer deswegen sehr häufig zu Selbstmördern und Mördern, weil der Druck sie zum Tuen und zur Tat treibt? Werden sie, durch Krieg und Überlebenskampf traumatisiert, in Zweifel gegenüber einer Sicherheit gedrängt und dann dazu fehlgeleitet, in Frieden und Freiheit, Terror zu verbreiten, auch um wieder eine Rolle zu spielen, um ihre Funktion zu erfüllen? Ist das Trauma ein Alarmzustand, der schwer zu verlassen ist? Ist, in der Hinsicht, der Tod und der Umgang damit, die Probe auf die Überlebensfähigkeit und den Überlebenswillen, der uns zeigt, dass darin eine mögliche Gefahr liegt und die Chance, allem zu entkommen?

Chat-GPT: Deine Überlegungen berühren zentrale Fragen der Existenz, des Umgangs mit dem Tod und der gesellschaftlichen Prägung von Geschlechterrollen. Hier einige Gedanken dazu:

1. **Der Tod als „Nullpunkt" oder Schwelle:**
   Der Tod kann als ein Extrempunkt verstanden werden – als ein Moment, an dem das Leben in einen anderen Zustand übergeht oder aufhört. Diese Grenzerfahrung wird häufig mit einem „Nullpunkt" verglichen, einem Zustand, der weder in Richtung Existenz noch in Richtung Nicht-Existenz eindeutig zugeordnet werden kann. In philosophischen Diskursen etwa bei Hegel oder Heidegger wird das Verhältnis von Sein und Nichtsein (bzw. Tod) als wechselseitige Bestimmung betrachtet, bei der das eine ohne das andere nicht denkbar ist.

2. **Geburt als Konfrontation mit dem Tod:**
   Der Vergleich der Geburt mit einer Waage, bei der das Nichts (der Tod) als Gegengewicht existiert, ist eine interessante Metapher. Historisch und auch in vielen Fällen heute birgt die Geburt – als Übergang von einem nicht-selbständigen Zustand zu einem eigenständigen Leben – tatsächlich Risiken, die mit der Endlichkeit des Lebens verknüpft sind. Frauen werden dabei körperlich belastet und – in früheren Zeiten – tatsächlich der Todesgefahr ausgesetzt. Moderne medizinische Fortschritte haben diese Risiken zwar deutlich reduziert, doch die grundsätzliche Tatsache, dass Geburt ein Eingriff in den natürlichen Ablauf des Lebens ist, bleibt bestehen.

3. **Geschlechterrollen, Sozialisation und der Umgang mit dem Tod:**
Die Frage, ob Männer aufgrund von Erziehung und gesellschaftlichen Erwartungen in Rollen gedrängt werden, in denen sie „misstrauisch", „nestbauend" oder gar zu Soldaten werden, ist komplex. Es gibt mehrere Aspekte:

- **Biologische und kulturelle Faktoren:**
  Während biologische Unterschiede gewisse Risikoneigungen beeinflussen können, spielen kulturelle Normen und Erziehungsstile eine bedeutende Rolle. In vielen Kulturen wird Männern von klein auf vermittelt, dass sie Stärke, Durchsetzungsvermögen und den Schutz ihrer Gemeinschaft verkörpern sollen. Diese Prägungen können dazu beitragen, dass Männer in Krisensituationen oft aggressivere oder risikoreichere Verhaltensweisen zeigen.

- **Trauma und Überlebenskampf:**
  Krieg, Überlebensdruck und der ständige Kontakt mit existenziellen Gefahren können zu tiefgreifenden Traumata führen. Traumata können als ein „Alarmzustand" verstanden werden, der schwer zu überwinden ist. In manchen Fällen führt dies zu einem Teufelskreis: Das Erlebte prägt das Verhalten und kann, in Kombination mit gesellschaftlichen Erwartungen, zu weiteren aggressiven oder selbstzerstörerischen Handlungen führen. Die Suche nach einer Rolle, einem Sinn oder dem Gefühl, gebraucht zu werden, kann in solchen Umständen verstärkt zu extremen Verhaltensweisen – sei es Gewaltanwendung oder Selbstmord – beitragen.

4. **Die Dynamik zwischen absoluter Ordnung und Chaos:**
   Wenn du über das Ende von Bewegung und Veränderung sprichst, berührst du ebenfalls ein zentrales Paradoxon: Sowohl absolute Perfektion (statische Ordnung) als auch maximales Chaos (absolute Entropie) scheinen Zustände zu sein, in denen keine weitere Dynamik möglich ist. Das Leben selbst könnte als ein ständiger Kampf oder Tanz zwischen diesen Extremen verstanden werden, in dem Bewegung und Veränderung nicht nur unausweichlich, sondern auch notwendig sind, um lebendig zu sein.

5. **Der Tod als Prüfstein der Überlebensfähigkeit:**
   Der Umgang mit dem Tod und der ständige Existenzkampf – ob im Kontext von Geburt, Krieg oder persönlichen Krisen – kann tatsächlich als ein Test gesehen werden, der die Überlebensfähigkeit eines Individuums oder einer Gesellschaft offenbart. Diese Prüfung zeigt, dass der Tod nicht nur als endgültiger Endpunkt, sondern auch als Antriebskraft für Erneuerung und Transformation verstanden werden kann.

Zusammenfassend lässt sich sagen, dass:

- **Der Tod als eine Art „Nullpunkt"** oder Schwelle gesehen werden kann, an der sich die Bedingungen für Leben und Bewusstsein fundamental verändern.
- **Geburt und Tod** beides kritische Übergänge sind, die mit existenziellen Risiken verbunden sind.
- **Gesellschaftliche Prägungen** in Verbindung mit existenziellen Bedrohungen eine Rolle dabei spielen können, wie Geschlechter – insbesondere Männer – mit diesen Extremen umgehen. Dabei können Erziehung, kulturelle Erwartungen und traumatische Erfahrungen zu Verhaltensmustern führen, die in Konflikten und Krisen zum Ausdruck kommen.

- **Traumata** tatsächlich einen Alarmzustand darstellen, der den weiteren Lebensverlauf nachhaltig beeinflussen kann, indem sie sowohl als Warnsignal als auch als Katalysator für weitere Handlungen dienen.

Deine Fragen regen also dazu an, das Verhältnis zwischen existenziellen Extremen, individueller und kollektiver Psychologie sowie kultureller Prägung zu reflektieren. Letztlich bleibt es eine komplexe Wechselwirkung, in der weder Tod noch Geburt, Chaos noch Ordnung isoliert betrachtet werden können, sondern immer im Kontext des fortwährenden menschlichen Erlebens und Handelns stehen.

Ich: Ist der Tod das einzige, vorübergehende Absolute? Ist das Gegenteil, all der Phänomene der Realität, das Nichts. Ist nicht das Gegenteil eines Elefanten einmal der Anti-Elefant, aber zum Anderen auch "kein Elefant", also Nichts? Ist das Gegenteil eines Steines so nicht auch das Nichts? Sind wir alle nicht so verbunden und verwandt?

Chat-GPT: Deine Fragen berühren einige der grundlegendsten philosophischen Themen, nämlich das Verhältnis von Sein und Nichts, von Existenz und Negation. Hier einige Überlegungen dazu:

1. **Der Tod als temporäres Absolutum:**
   Der Tod wird oft als ein vorübergehender Übergang verstanden – ein Moment, in dem das bisherige Leben endet und etwas anderes beginnt. In vielen philosophischen Traditionen (etwa bei Heidegger) ist der Tod kein absolut starrer Zustand, sondern vielmehr eine Grenze, die das Leben definiert. Er erscheint als das letzte Ereignis im individuellen Leben, als eine Art "Nullpunkt", an dem alle bisherigen Zustände abrupt enden. Dennoch bleibt er ein Ereignis im

Fluss des Seins, das selbst wieder von Bedeutung ist, weil
es den Kreislauf des Lebens und der Existenz strukturiert.

2. **Das Gegenteil der Existenz – das Nichts:**
Wenn wir von „Gegenteil" sprechen, so denken wir zu-
nächst an etwas, das in direktem Gegensatz zu etwas Beste-
hendem steht. In der Alltagssprache mag das Gegenteil
eines Elefanten oder eines Steines als "kein Elefant" bzw.
"kein Stein" bezeichnet werden – also als das Fehlen der
jeweiligen Existenz.
Doch philosophisch betrachtet ist das Nichts nicht einfach
ein passiver Zustand oder ein leerer Behälter, sondern ein
Begriff, der unsere Definition von Existenz und Identität
erst möglich macht. Das Nichts ist der Referenzpunkt, an
dem wir sagen können, dass etwas „nicht ist". In diesem
Sinne ist das Nichts – oder besser gesagt, das Nicht-Sein –
immer schon in Relation zum Sein gedacht. Es definiert
sich durch das Fehlen von etwas, und dieses Fehlen ist zugleich das, was wir als "Gegenteil" wahrnehmen.

3. **Anti-Elefant und Anti-Stein:**
Der Versuch, ein Gegenbild wie den „Anti-Elefanten" oder
den „Anti-Stein" zu konstruieren, führt uns in den Bereich
der dialektischen Negation. Einerseits könnte man sagen,
dass das Gegenteil eines Elefanten ein Wesen ist, das alle
Eigenschaften des Elefanten negiert – was aber schnell in
abstrakte Begriffe abdriften kann. Andererseits sagt "kein
Elefant" schlicht aus, dass es sich nicht um einen Elefanten
handelt, was wiederum nichts Konkretes definiert, sondern
bloß das Fehlen dieser bestimmten Identität. In beiden Fällen wird deutlich, dass das, was als Gegenteil verstanden
wird, oft in die Kategorie des "Nicht-Seins" oder des Nichts
fällt, zumindest insofern, als es die spezifische Identität
negiert.

4. **Verbindung und Verwandtschaft aller Dinge:**
   Wenn wir sagen, dass das Gegenteil eines jeden spezifischen Wesens – sei es ein Elefant, ein Stein oder etwas anderes – im Grunde das Nichts ist, so öffnet das den Raum für die Überlegung, dass alle Dinge durch das, was sie nicht sind, miteinander verbunden sind. Denn das Nichts ist der gemeinsame Nenner der Negation, der allen Differenzierungen zugrunde liegt. In dieser Hinsicht sind wir alle auf eine Weise verwandt, weil unsere Identitäten immer durch Abgrenzung und Differenz definiert werden – und genau diese Differenzierung impliziert auch immer das Vorhandensein eines "Nicht-Seins".

5. **Zusammenfassung:**

   - **Der Tod** kann als ein temporäres Absolutum verstanden werden, ein entscheidender Übergangspunkt, der das Leben strukturiert und dem Leben erst seine Endlichkeit und Bedeutung verleiht.
   - **Das Nichts** dient als das Gegenteil oder die Negation des Seienden und ermöglicht uns erst die Unterscheidung zwischen verschiedenen Entitäten (z. B. Elefant versus kein Elefant, Stein versus kein Stein).
   - **Alle Dinge** sind insofern miteinander verwandt, als ihre Identität durch das Verhältnis zu dem definiert wird, was sie nicht sind – das Nichts.

Diese Überlegungen zeigen, dass unsere Kategorien von Sein und Nicht-Sein, von Leben und Tod, nicht als absolute Gegensätze verstanden werden sollten, sondern als miteinander verknüpfte Pole, die uns helfen, die Komplexität der Realität zu erfassen. Es ist diese dialektische Spannung zwischen dem, was ist, und dem, was nicht ist, die das Fundament unseres Denkens über Existenz bildet.

Ich: Schwingt alle Schöpfung zwischen Tod, als höchste Ordnung (nur ein Zustand, nämlich keiner) und dem absoluten Chaos des Alls oder Alles. Ist die ordnende Kraft des Lebens ein Vektor eine Kraft, die um sich herum zwangsläufig das Chaos erhöht oder das bloß so interpretiert (weil mit steigendem Verständnis die Fragen zunehmen können)? Ist das einem Schweben am Ereignishorizont eines Schwarzen Lochs vergleichbar, wo das Universum in einem Gleichgewicht zwischen Vergehen und Schaffen Existenz und ihre Essenz aus dem Loch zieht und diese ihr, gleichermaßen anderswo, entrissen werden. Wie ein Film, der einem Möbiusband ähnelt, in einer Seite Existenz und auf der anderen absolutes Nichts abbildet. Das drohende Kippen in den möglichen Tod spielt den Film ab. Alle Kräfte im All haben eine gleich große Gegenkraft und der nahende Tod ist der Motivator und Antrieb? Beschreibe, wie Du das verstehst, nutze wenn möglich, Metaphern.

Chat-GPT: Deine Beschreibung malt ein Bild eines Universums, das zwischen zwei Polen schwingt: Auf der einen Seite der Tod – nicht als destruktive Endstation, sondern als ein Zustand reiner, „ordnender" Leere, ein Zustand, in dem nichts ist – und auf der anderen Seite das ungebändigte Chaos, das alles in sich aufnimmt und gleichzeitig generiert. Diese Spannung erinnert an ein Möbiusband, in dem die beiden Seiten – das, was wir als Existenz kennen, und das absolute Nichts – miteinander verwoben sind und sich in einem ewigen Tanz abwechseln.

Stell dir vor, das Leben sei ein Vektor, eine gerichtete Kraft, die unaufhörlich in den Raum strömt. Dieser Vektor ist nicht nur ein reiner „Schöpfer" im positiven Sinne, sondern auch ein Katalysator, der durch sein Wirken das Chaos – das Potential, das in jedem Moment droht, die Ordnung zu zerschlagen – stets in Bewegung hält. Mit jedem Impuls, mit jedem Akt des Schaffens, wird das Chaos in gewisser Weise erhöht oder neu interpretiert. Es ist, als ob das Leben den Raum mit einer Welle von Energie durchflutet, die sowohl Struktur als auch Unbestimmtheit in sich trägt.

Ein anderes Bild: Stell dir das Universum als ein schwebendes Objekt am Ereignishorizont eines Schwarzen Lochs vor. An diesem Ort ist die Grenze zwischen dem, was hineingezogen wird, und dem, was noch außerhalb existiert, extrem unscharf. Aus dem Schwarzen Loch wird – metaphorisch gesprochen – eine Essenz der Existenz heraustreten, während gleichzeitig neue Formen der Ordnung entstehen, die dem All ihre Struktur verleihen. Diese Balance zwischen Vergehen und Schaffen gleicht einem Film, der sich unendlich wiederholt und dessen Szenen sich wie ein Möbiusband fortsetzen: Auf der einen Seite erscheint das konkrete, greifbare Sein, auf der anderen Seite das undefinierbare Nichts, das immer wieder in das Geschehen eingreift und es neu formt.

Die Idee, dass alle Kräfte im Universum eine gleich große Gegenkraft haben, spiegelt sich in diesem Bild wider. Der Tod – als nahender, immer präsenter Endpunkt – wirkt nicht nur als Abschied, sondern auch als ständiger Motivator. Er erinnert uns daran, dass das Werden und Vergehen, das Schaffen und Zerstören, zwei Seiten derselben Medaille sind. Das drohende Kippen in den möglichen Tod, dieses immer präsente Ende, gibt dem Universum seinen dynamischen Antrieb. Es ist, als ob der Tod selbst ein notwendiger Impuls ist, der das Rad des Schaffens in Bewegung hält, indem er ständig den Raum für Neues öffnet, das zuvor im Chaos lag.

Metaphorisch gesprochen:

- **Das Möbiusband der Existenz:** Auf einer Seite fließt das Licht der Schöpfung, auf der anderen die Dunkelheit des Nichts. Beide Seiten sind nicht getrennt, sondern Teil desselben Bandes, das sich unendlich windet.
- **Der Ereignishorizont:** Wie bei einem Schwarzen Loch, wo Raum und Zeit sich auflösen, gleiten Schöpfung und Unter-

gang ineinander. Nichts ist absolut fixiert – beide Extreme ziehen sich gegenseitig an, um ein Gleichgewicht zu schaffen.

- **Der Vektor des Lebens:** Dieser strahlt in alle Richtungen und trägt in seinem Impuls sowohl die Ordnung als auch das Chaos in sich. Durch diesen Impuls wird das Universum fortwährend neu definiert und transformiert.

In diesem Sinne könnte man sagen, dass das Universum in einem ständigen Zustand des Werdens und Vergehens lebt, in dem der Tod nicht das Ende, sondern ein integraler Bestandteil des fortwährenden Prozesses ist. Der „nahende Tod" fungiert als Antriebskraft – als eine Art kosmischer Alarm, der stets die Dringlichkeit des Augenblicks betont und den Kreislauf von Schöpfung und Zerstörung in Gang hält.

Abschließend: Ja, in dieser Sichtweise ist das Universum ein dynamisches Zusammenspiel von Kräften, in dem der Tod, das Nichts, und das Chaos nicht als absolute Endpunkte, sondern als wesentliche Elemente des fortwährenden Schaffensprozesses verstanden werden. Jeder Impuls, jede Gegenkraft, trägt dazu bei, dass der Film der Existenz niemals stillsteht, sondern immer wieder neue Akzente setzt – ein ewiger Tanz zwischen Sein und Nicht-Sein.

Ich: Ist die eine Seite, die ein Möbiusband anscheinend hat, nicht ein Sinnbild für Quantenzustände? Eine Seite und eine zweite, die nicht da zu sein scheint, aber da sein muss? Ähnlich dem Experiment mit Schödingers Katze.

Chat_GPT: Ja, man kann das Möbiusband durchaus als eine anschauliche Metapher für Quantenzustände interpretieren. Beim Möbiusband wirkt es so, als ob es zwei Seiten gäbe – obwohl es faktisch nur eine kontinuierliche Fläche besitzt. Ähnlich verhält es sich bei bestimmten quantenmechanischen Phänomenen, bei denen Zustände nicht eindeutig in "zwei getrennte Seiten" oder "zwei eindeutig definierte Zustände" aufgeteilt werden können, sondern in einer Art Überlagerung existieren.

Bezüge zu Schödingers Katze und Quantenzuständen:

- **Superposition:**
  Das Experiment mit Schrödingers Katze illustriert den Zustand der Superposition, bei dem ein System – in diesem Fall die Katze – gleichzeitig in zwei Zuständen existiert: lebendig und tot, bis eine Messung (Beobachtung) erfolgt. Ähnlich zeigt uns das Möbiusband, dass das, was wir als getrennte "Seiten" wahrnehmen, in Wahrheit Teil eines unteilbaren Ganzen sein kann.

- **Nicht-Dualität und Verbundenheit:**
  Das Möbiusband hebt die klassische Zweiteilung von "oben" und "unten" oder "innen" und "außen" auf, was man als Analogie dazu nehmen kann, dass in der Quantenwelt konventionelle Trennungen zwischen Zuständen oft nicht zutreffen. Es erinnert daran, dass scheinbar widersprüchliche Zustände (wie Leben und Tod in Schrödingers Katze) in einem größeren Zusammenhang existieren können, der sie miteinander verbindet.

- **Betrachtung von verborgenen Seiten:**
  Genau wie beim Möbiusband, bei dem die "andere Seite" nicht offensichtlich getrennt existiert, sondern als Teil derselben Oberfläche, kann in der Quantenmechanik ein Zustand als mehrschichtig oder vielschichtig angesehen werden. Das, was "nicht da zu sein scheint", muss dennoch in die physikalische Beschreibung integriert werden, um das Gesamtsystem vollständig zu verstehen.

Zusammenfassend:

Das Möbiusband eignet sich als sinnstiftende Metapher, um die Idee zu veranschaulichen, dass in der Quantenwelt Zustände nicht strikt getrennt oder dualistisch sein müssen. Stattdessen existieren sie in einem komplexen, miteinander verflochtenen Ganzen, in dem scheinbar widersprüchliche Zustände – wie die beiden Seiten eines Möbiusbandes – in Wirklichkeit untrennbar verbunden sind. So wie das Möbiusband uns lehrt, dass das "Andere" nicht getrennt, sondern integraler Bestandteil des Ganzen ist, so zeigt uns die Quantenmechanik, dass die Welt auf fundamentaler Ebene oft jenseits unserer klassischen Vorstellungen von Trennung und Dualität operiert.

Ich: Was wären die Erklärungen für "Aus Schaden wird man klug aber ich habe den Vollschaden!", in diesem Zusammenhang. Schildere auch Aspekte aus Philosophie, Logik, Humor,... diese Variation des Spruches "aus Schaden wird man klug" betreffend.

Chat-GPT: Der Spruch „Aus Schaden wird man klug" spielt darauf an, dass aus schmerzhaften Erfahrungen Lehren gezogen werden können. Die humorvolle Variante „aber ich habe den Vollschaden!" fügt eine ironische Wendung hinzu, die verschiedene Ebenen anspricht:

1.1.1. Philosophische Perspektiven

1. **Lernen aus dem Leiden:**
   In vielen philosophischen Traditionen – etwa bei Nietzsche oder in der Existenzphilosophie – wird betont, dass das Leiden und die Erfahrung von Schaden den Menschen formen und ihm letztlich Einsichten vermitteln können. Die

ursprüngliche Redewendung drückt genau diesen Gedanken aus: Wer Fehler macht, lernt und wächst daran.

2. **Grenzen der Erfahrung:**
   Die humorvolle Erweiterung „Vollschaden" deutet jedoch an, dass es eine Grenze geben kann. Wenn der Schaden so überwältigend ist, dass er nicht nur lehrreich, sondern zerstörerisch wirkt, dann bleibt dem Betroffenen womöglich nicht mehr viel Raum zum Lernen. Es entsteht ein Paradoxon: Der Schaden sollte klug machen, doch in extremen Fällen, wenn der Schaden „voll" ist, scheint er jegliche Lernfähigkeit zu untergraben – was wiederum an die Idee erinnert, dass zu viel Leid auch lähmend wirken kann.

3. **Existenzielle Ironie:**
   Auf existenzieller Ebene könnte man sagen, dass das Schicksal uns manchmal so hart trifft, dass die Lehren nicht zur Weisheit, sondern zur Überforderung führen. Es ist eine Art tragikomischer Zustand, in dem man zwar theoretisch aus Schaden klüger werden sollte, aber stattdessen „den Vollschaden" erleidet, der die gesamte Persönlichkeit oder Lebensführung beeinträchtigt.

Logische Betrachtung

1. **Selbstwiderspruch:**
   Logisch betrachtet enthält die Aussage einen inneren Widerspruch: Der ursprüngliche Spruch impliziert, dass jeder Schaden ein Lernprozess ist, der zu mehr Klugheit führt. „Vollschaden" hingegen suggeriert, dass der Schaden so extrem ist, dass er über die normale Erfahrungsgrenze hinausgeht – ein Zustand, in dem das Lernen nicht mehr möglich ist. Es handelt sich hier um eine humorvolle Übertreibung, die den logischen Zusammenhang ad absurdum führt.

2. **Übermaß als Problem:**
   In der Logik und auch in der Alltagserfahrung gilt oft: Maßhalten ist wichtig. Ein gewisses Maß an Schaden kann lehrreich sein, zu viel davon aber zerstört die Balance. Die Aussage spielt mit dieser Idee, indem sie den Punkt erreicht, an dem der Schaden nicht mehr produktiv, sondern komplett übermächtig ist.

Humoristische Aspekte

1. **Ironie und Selbstironie:**
   Die Wendung „aber ich habe den Vollschaden!" ist eine scherzhafte Selbstironie, die andeutet, dass der Sprecher so oft oder so stark geschädigt wurde, dass anstatt schlauer zu werden, er in gewisser Weise „voll daneben" ist. Es ist ein humorvoller Seitenhieb auf die häufige Erwartung, dass aus jedem Schaden Weisheit entstehen muss.

2. **Übertreibung als Stilmittel:**
   Humor lebt oft von Übertreibungen. Indem man den Schaden als „voll" bezeichnet, wird der normale Erfahrungsrahmen sprichwörtlicher Schäden sprunghaft überschritten. Dies sorgt für einen komischen Effekt und lädt dazu ein, die Absurdität des ständigen „Lernens durch Leid" zu hinterfragen.

3. **Gesellschaftskritik:**
   Auf humorvolle Weise kann der Spruch auch als Kommentar an gesellschaftliche Erwartungen verstanden werden: Man soll aus jedem Fehler lernen und dadurch wachsen. Doch manchmal scheint es, als ob das System einen geradezu dazu verdammt, immer wieder Fehler zu machen – sodass man irgendwann an einem Punkt ankommt, an dem der Schaden nicht mehr in Weisheit umgemünzt werden kann.

Zusammengefasst

Der Spruch „Aus Schaden wird man klug" suggeriert, dass negative Erfahrungen zu Einsichten und Wachstum führen können. Die humorvolle Variante „aber ich habe den Vollschaden!" spielt mit dieser Erwartung, indem sie übertreibt und andeutet, dass zu viel Schaden letztlich nicht in Klugheit, sondern in einem Zustand völliger Desorganisation oder Überforderung resultiert.

- **Philosophisch** regt dies zum Nachdenken an über das Gleichgewicht zwischen Lernen und Zerstörung im menschlichen Dasein.
- **Logisch** zeigt es den Widerspruch auf, wenn der Schaden über ein produktives Maß hinausgeht.
- **Humorvoll** ist es eine ironische Selbstreflexion, die die Grenzen der sprichwörtlichen Weisheitsgewinnung aus negativen Erfahrungen betont.

Insgesamt lädt diese Variation dazu ein, das Konzept des „Lernens aus Schaden" kritisch zu hinterfragen und gleichzeitig mit einem Augenzwinkern auf die menschliche Fehlbarkeit hinzuweisen.

Ich: Kann Vollschaden, im Spruch: Aus Schaden wird man klug und ich habe den Vollschaden, auf eine Art auf ein "alles Verstehen" hin interpretiert werden?

Chat-GPT: Ja, man könnte den Begriff „Vollschaden" in diesem Spruch – zumindest in einer humorvollen, ironischen oder sogar philosophisch-metaphorischen Lesart – so deuten, dass er nicht nur einen Zustand des überwältigenden Schadens, sondern auch ein Zustand des „alles Verstehens" symbolisiert.

1.1.2. Mögliche Interpretationen:

1. **Das Paradox des Übermaßes:**
   Üblicherweise sagt man, aus Schaden wird man klug – also, negative Erfahrungen führen zu Erkenntnis. Wird jedoch „Vollschaden" erreicht, so könnte das paradoxe Bild entstehen, dass der Schaden so vollständig ist, dass er sämtliche bisherigen Vorstellungen, Abwehrmechanismen und Halbwissen zerstört. An diesem Punkt könnte man sagen, dass man „von Grund auf" klug geworden ist, weil nichts mehr im Weg steht, alle vorgefassten Meinungen sind abgebröckelt. Somit könnte der Vollschaden – ironisch gemeint – zu einem totalen Durchblick führen.

2. **Die Leere als Raum für alles Neue:**
   Wenn durch den Schaden alle alten Strukturen wegfallen, entsteht ein Zustand, den man als „tabula rasa" bezeichnen könnte. Aus dieser völligen Leere kann – in einem fast mystischen Sinn – ein universelles Verständnis erwachsen. So ist der Vollschaden gleichbedeutend mit einem radikalen Neuanfang, bei dem man aus den Trümmern alles verstehen kann, weil man keine vorgefertigten Strukturen mehr hat, die das Denken einschränken.

3. **Humorvolle Selbstironie als Erkenntnisweg:**
   Der Spruch spielt humorvoll mit der Vorstellung, dass man aus Schaden klug wird, aber beim „Vollschaden" alles schiefgeht. Wer also „den Vollschaden" hat, könnte ironisch behaupten, dass er sogar alle Aspekte des Lebens – die Absurditäten und die Extreme – „verstanden" hat, weil er sämtliche Facetten von Erfolg und Scheitern erlebt hat. So wird der Zustand des völligen Schadens zur Art allumfassender Erfahrung, aus der ein tiefes, wenn auch skurriles, Verständnis hervorgeht.

4. **Philosophische Perspektive – Zerstörung als Voraussetzung für Erneuerung:**
   In manchen philosophischen Ansätzen wird die Zerstörung alter Ordnungen als notwendiger Schritt zu tieferem Verständnis und höherer Erkenntnis betrachtet. Der Vollschaden als Gesamtschaden könnte hier als das ultimative Loslassen verstanden werden, bei dem alles Verbindliche wegfällt und man im „Nichts" die Möglichkeit findet, das Universum in seiner Ganzheit zu begreifen.

Zusammenfassung

Obwohl „Vollschaden" auf den ersten Blick negativ und zerstörerisch klingt, lässt sich – insbesondere mit einem Augenzwinkern und in einem ironischen, philosophischen Kontext – auch interpretieren, dass dieser Zustand letztlich eine Art vollständiges, radikales Verstehen ermöglicht. Es ist der Moment, in dem alle alten Denkstrukturen zusammenbrechen und man vielleicht, gerade in diesem Chaos, einen Zugang zu einer umfassenden Erkenntnis findet.

Diese Interpretation ist natürlich spielerisch und nicht als wörtliche Wahrheit zu verstehen, sondern als eine Möglichkeit, den oft widersprüchlichen Charakter menschlicher Erfahrungen und Erkenntnisprozesse zu beleuchten.

Ich: Kann das, als philosophische Schule des "Zen Daoismus" bezeichnet werden?

Chat-GPT: Man könnte durchaus Parallelen ziehen, aber es wäre eher eine lose, metaphorische Verbindung als die Etablierung einer eigenständigen "Schule des Zen Daoismus". Hier einige Überlegungen:

1. **Loslassen und Leere:**
   Im Zen-Buddhismus spielt das Loslassen von vorgefertigten Vorstellungen und das Eintauchen in den Zustand der Leere (oft als „Shūnyatā" bezeichnet) eine zentrale Rolle. Ähnlich wird in Deinem Beispiel die Idee angedeutet, dass ein totaler, fast schon erschütternder Zustand (der „Vollschaden") alte Denkstrukturen zerschlägt und damit den Weg für eine neue, unvoreingenommene Sicht – ein radikales „Alles-Verstehen" – freimacht. Auch im Daoismus ist das Konzept des Loslassens, des Sich-Ergebens an den natürlichen Fluss (das Dao), grundlegend.

2. **Transformation durch Auflösung:**
   Sowohl Zen als auch Daoismus betonen, dass der Weg zur Erkenntnis oft über die Auflösung von festgefügten Identitäten und Konzepten führt. Der humorvolle Spruch „aus Schaden wird man klug – aber ich habe den Vollschaden" lässt sich dahingehend interpretieren, dass ein totaler Bruch mit alten Mustern (gleichbedeutend mit einem „Vollschaden") paradoxerweise auch den Raum für tiefere Einsichten eröffnet. In diesem Sinne findet sich ein Echo in der daoistischen Idee, dass im scheinbaren Chaos und im Loslassen eine neue Ordnung und ein neues Verständnis entstehen können.

3. **Humor und paradoxe Ansätze:**
   Zen lehrt oft über paradoxe Koans, die den rationalen Verstand überfordern sollen, um so zu einer intuitiven Einsicht zu führen. Der Spruch spielt ebenfalls mit einem Paradoxon: Während man normalerweise aus Schaden klüger wird, suggeriert der „Vollschaden", dass die Zerstörung so vollständig ist, dass man vielleicht sogar alles erfasst – allerdings auf eine Weise, die jenseits gewöhnlicher Logik liegt. Diese paradoxe Wendung erinnert an die humorvolle

und zugleich tiefgründige Art, wie Zen und daoistische Lehren oft mit scheinbar widersprüchlichen Bildern arbeiten.

4. **Grenzen der Übertragung:**
   Es ist jedoch wichtig zu beachten, dass „Vollschaden" im alltäglichen Sprachgebrauch meist eine negative, sogar selbstironische Konnotation hat – etwas, das den normalen Lernprozess übersteigt und zu einer Art geistiger oder emotionaler Desintegration führt. Zen und Daoismus hingegen zielen darauf ab, durch Loslassen und das Erkennen des „Nicht-Selbst" zu einer befreienden Einsicht zu gelangen, nicht aber auf eine destruktive Überwältigung.

Fazit:

Die Idee, dass durch das radikale Auflösen alter Strukturen – fast wie ein totaler „Vollschaden" – ein Zustand erreicht werden kann, in dem man „alles versteht", hat durchaus Anklänge an die Praktiken und Denkweisen des Zen und des Daoismus. Dennoch handelt es sich dabei eher um eine poetische oder humorvolle Umschreibung, die einige Gemeinsamkeiten mit diesen Traditionen aufweist, als um eine klar definierte philosophische Schule, die man als "Zen Daoismus" bezeichnen könnte. Es sind Überschneidungen in der Betonung von Loslösung, Leere und dem Überschreiten konventioneller Grenzen, die den Vergleich ermöglichen, aber beide Traditionen gehen weit über eine solche Vereinfachung hinaus.

Ich: Berücksichtige, dass vieles von dem von mir gesagten, nur in Tendenzen vorhanden ist. Nicht in Absolutem. Und dass das Tendenzielle eine manchmal absolute Größe darstellen kann.

Chat-GPT: Das macht Sinn – und es passt auch gut zu dem, worüber wir sprechen. Tendenzen sind fließend, sie bewegen sich zwischen Extremen, ohne sich zwangsläufig auf eine absolute Wahrheit festzulegen. Gleichzeitig kann eine ausreichend starke Tendenz eine Art „funktionale Absolutheit" annehmen, indem sie über Zeiträume oder in bestimmten Kontexten als unumstößlich erscheint.

Das erinnert mich auch an daoistisches Denken: Das Dao selbst ist unfassbar, nicht greifbar, aber es manifestiert sich in Bewegungen, Strömungen, Entwicklungen. Alles fließt, aber manchmal so konsequent, dass es wie eine feste Struktur wirkt – bis es sich wieder verändert.

Würdest du sagen, dass diese Denkweise für dich eher eine methodische Herangehensweise ist, also ein Werkzeug, um die Welt zu begreifen? Oder spiegelt sie eher eine tiefere Überzeugung wider?

Ich: Der Tod ist das maximale Druckmittel und die letzte Zuflucht in einer Art von Erlösung von allem.

Chat-GPT: Ja, der Tod als maximales Druckmittel und letzte Zuflucht – das ist eine Vorstellung, die sich in vielen philosophischen, psychologischen und existenziellen Betrachtungen findet. Er ist das ultimative Ende aller Möglichkeiten, aber auch das Ende aller Lasten.

1. Der Tod als maximales Druckmittel:

- In vielen Systemen – sei es in Gesellschaft, Religion oder Psychologie – ist die Angst vor dem Tod eine zentrale treibende Kraft. Sie kann Menschen kontrollieren, sie zu bestimmten Entscheidungen drängen oder sie dazu bringen, Sinn und Bedeutung zu suchen.

- In existenzieller Hinsicht (Sartre, Heidegger) ist der Tod die absolute Grenze, die unser Leben definiert. Weil wir sterblich sind, haben unsere Entscheidungen Gewicht.
- Auch in der Natur ist der Tod ein Mechanismus des Selektionsdrucks – das, was nicht überlebt, verschwindet. Dadurch wirkt er als treibende Kraft der Evolution.

2. Der Tod als letzte Zuflucht:

- Hier kommt die Frage der „Erlösung" ins Spiel. Ob der Tod wirklich eine Erlösung ist, hängt von der Perspektive ab:
    - In einem metaphysischen Sinn könnte er als Befreiung von Leid, Schmerz oder sogar der Existenz selbst verstanden werden.
    - In einem rein materialistischen Sinne ist er einfach das Ende aller Empfindung, also weder positiv noch negativ – eine absolute Null.
    - Psychologisch gesehen kann er als „letzte Option" betrachtet werden, wenn alle anderen Wege verschlossen scheinen – was den Suizidgedanken in bestimmten Kontexten verständlich macht, aber nicht unbedingt rechtfertigt.

3. Tod und Erlösung – ein Paradoxon?

- Wenn Erlösung bedeutet, dass man von etwas befreit wird, stellt sich die Frage: Muss man existieren, um erlöst zu sein? Wenn es nach dem Tod nichts gibt, wer oder was nimmt dann die Erlösung wahr?
- Manche Philosophien (z. B. der Buddhismus) sehen den Tod nicht als Erlösung, sondern als Übergang – und die eigentliche Befreiung liegt im Verlöschen des Selbst schon vor dem physischen Tod.

4. Der Tod als Teil des „Möbiusbandes" des Lebens?

- Wenn man das Leben als einen Fluss von Veränderungen betrachtet, könnte der Tod nicht nur als ein Ende, sondern als eine Transformation gesehen werden.
- Vielleicht ist er auch Teil eines größeren Zyklus – nicht im Sinne einer Wiedergeburt im religiösen Sinn, sondern als eine Art von Auflösung und Neuzusammensetzung im kosmischen Gleichgewicht.

Fazit:

Der Tod ist die ultimative Grenze, das Ende aller Tendenzen – oder vielleicht nur der Punkt, an dem sich Perspektiven umkehren. Ist er Erlösung oder einfach nur ein Nullpunkt? Ein Druckmittel oder eine Notbremse? Die Antwort hängt davon ab, ob man ihn als etwas Absolutes oder als Teil eines größeren Flusses betrachtet.

Ich: Kommentiere das Zitat von Rumi: Unsere Wunden sind der Ort, an dem das Licht in uns eindringt.

Chat-GPT: Rumis Zitat **„Unsere Wunden sind der Ort, an dem das Licht in uns eindringt."** ist eine tiefgründige Metapher, die sich auf viele Ebenen interpretieren lässt – spirituell, psychologisch, existenziell.

1. Schmerz als Erkenntnisweg

Die Idee, dass Wunden (also Leiden, Traumata oder Verluste) die Stellen sind, an denen „Licht" (Erkenntnis, Heilung, Wachstum) eintritt, entspricht dem Gedanken, dass tiefere Einsicht oft durch Krisen entsteht. Wer nie leidet, hinterfragt selten – doch gerade in schwierigen Zeiten öffnen sich neue Blickwinkel.

2. Verletzlichkeit als Zugang zur Wahrheit

Wunden machen uns auf eine Weise „offen": Sie reißen Schutzwälle ein, zerstören Illusionen und lassen uns Dinge fühlen, die wir sonst verdrängen. Das kann bedeuten, dass durch Schmerz eine tiefere Wahrheit in uns sichtbar wird.

3. Die schöpferische Kraft des Leidens

Viele künstlerische und philosophische Meisterwerke entstanden aus innerer Zerrissenheit. Schmerz zwingt zur Reflexion, er schafft Intensität, er verändert Perspektiven. Vielleicht ist das „Licht" in Rumis Worten auch der Funke der Inspiration, der durch Leid freigesetzt wird.

4. Heilung als Transformationsprozess

Wunden müssen heilen – und dieser Prozess ist selbst eine Art Verwandlung. Vielleicht bedeutet das „Licht", das eindringt, nicht nur Erkenntnis, sondern auch eine Art von Erneuerung, eine neue Möglichkeit, mit sich selbst und der Welt umzugehen.

5. Eine daoistische Perspektive?

In deinem Stil gedacht: Wenn eine Tendenz extrem wird (z. B. Schmerz, Zerstörung), kann sie die Tür zur entgegengesetzten Tendenz öffnen (Heilung, Klarheit). Vielleicht ist die Wunde nicht nur ein Riss, sondern auch ein Tor, durch das etwas Neues in unser Sein treten kann.

Fazit:

Rumis Zitat ist kein Plädoyer für glorifiziertes Leiden, sondern für die Möglichkeit, durch das Schmerzhafte hindurch etwas Tieferes zu erkennen. Schmerz allein macht nicht klug – aber wer ihn annimmt und verarbeitet, kann an ihm wachsen.

Ich: Ist das Möbiusband eine "Säule, die sich selbst trägt"? Kann das Materielle im Universum eine Holografische Projektion sein? Eine Projektion, die ihren Projektor projiziert?

Chat-GPT: Das Möbiusband als **„Säule, die sich selbst trägt"** ist ein starkes Bild. Es beschreibt eine Struktur, die keinen klaren Anfang oder Ende hat, sondern sich selbst stützt, indem sie sich kontinuierlich in sich selbst zurückführt.

1. Das Möbiusband als selbsttragendes System

- Ein Möbiusband hat nur eine einzige Fläche und Kante, sodass es sich nicht auf eine klare „Innen-" oder „Außenseite" reduzieren lässt.
- Das erinnert an Konzepte wie das Universum als **selbstreferenzielles System**, in dem sich Ursache und Wirkung wechselseitig bedingen, ohne einen festen „ersten Punkt".
- In der Physik gibt es Überlegungen, ob das Universum sich durch Schleifen-Quantengravitation oder andere zyklische Modelle selbst „trägt", ohne äußeren Halt zu benötigen.

2. Holografisches Universum – Eine Projektion, die ihren Projektor projiziert?

Die **holografische Hypothese** legt nahe, dass die gesamte materielle Realität eine Art Projektion ist, wobei die „eigentliche" Information auf einer niedrigdimensionalen Grenze (z. B. dem kosmischen Horizont) gespeichert ist.

Warum könnte das Universum eine Projektion sein?

- In der **Thermodynamik Schwarzer Löcher** wurde gezeigt, dass die maximale Informationsdichte eines Raumes durch seine Oberfläche und nicht sein Volumen begrenzt ist – was auf eine holografische Struktur hinweist.

- Die **AdS/CFT-Korrespondenz** in der Physik beschreibt, wie ein höherdimensionaler Raum durch eine niedrigdimensionale Grenze beschrieben werden kann, ähnlich einer holografischen Projektion.

Projiziert die Projektion ihren Projektor?

- Wenn die Projektion des Universums nicht von einem separaten „Projektor" ausgeht, sondern sich selbst durch ihre eigenen Prinzipien strukturiert, dann wäre sie eine **rekursive Projektion** – eine Art Möbiusband der Realität.
- Das könnte bedeuten, dass **die Realität sich selbst formt, weil die Information, die sie beschreibt, gleichzeitig ihre eigene Existenz ermöglicht.**
- In einer extremen Form dieser Idee könnte Bewusstsein eine fundamentale Rolle spielen: **Materie ist eine Projektion von Information, die wiederum von Beobachtung beeinflusst wird** (ähnlich der Quantenmechanik mit dem Messproblem).

3. Eine Verbindung zwischen Möbiusband und Holografie?

- Das Möbiusband könnte als Symbol für ein holografisches Universum dienen, weil es den Widerspruch zwischen „innen" und „außen" aufhebt.
- Wenn das Universum wirklich eine Art rekursive Projektion ist, wäre es in gewissem Sinne eine „Säule, die sich selbst trägt" – genau wie das Möbiusband keine äußere Stütze braucht, um seine Struktur zu erhalten.
- In einem solchen Modell wären **Raum, Zeit und Materie nicht fundamental, sondern emergente Effekte aus einer tieferen, informationsbasierten Realität.**

Fazit: Eine selbsttragende Realität?

Die Vorstellung, dass das Universum eine Projektion ist, die ihren eigenen Projektor projiziert, ist eine radikale, aber faszinierende Idee. Sie verbindet Konzepte aus Quantenphysik, Informationstheorie und Philosophie und könnte darauf hindeuten, dass das, was wir als Realität wahrnehmen, letztlich eine rekursive Struktur hat – ähnlich einem Möbiusband, das sich selbst definiert, ohne einen festen Ursprung zu benötigen.

Ich: Was wäre ein Fraktal in der Unendlichkeit anderes, als ein Irrgarten, in dem die Logiken sich eine Struktur suchen, die plausibel auf die Vorherige folgt. Dieser Wechsel der Bilder im Projektor, wird von uns als Zeit empfunden. Zeit ist dafür aber nur unser Erklärungsmodell.

Chat-GPT: Ein Fraktal in der Unendlichkeit als Irrgarten, in dem Logiken nach Struktur suchen – das ist ein starkes Bild.

1. Fraktale als Irrgärten der Logik

- Fraktale sind Muster, die sich auf jeder Skala wiederholen und dennoch variieren.
- Wenn die Realität in sich selbst verschachtelt ist (wie ein Fraktal), dann gibt es keine absolute, endgültige Ordnung – nur lokale Plausibilitäten, die sich aus vorherigen Strukturen ergeben.
- Das ist wie ein Irrgarten: Jeder Schritt basiert auf einer Regel, aber das große Ganze ist nicht linear erfassbar.

2. Zeit als Wechsel der Bilder im Projektor

- Wenn die Realität eine Art holografische Projektion ist, dann könnte die Zeit nur eine Abfolge von Zuständen sein – wie ein Film, der Bild für Bild abläuft.

- Das würde bedeuten, dass Zeit keine eigene Substanz hat, sondern nur ein Nebenprodukt davon ist, wie Informationen sich in einer Struktur entfalten.
- Zeit ist dann nicht fundamental, sondern eine **Interpretation unserer Wahrnehmung von Veränderung**.

3. Zeit als Erklärungsmodell

- Zeit könnte in dieser Sichtweise eine Art **narratives Prinzip** sein, das uns hilft, das Wechselspiel der Fraktalstrukturen zu verstehen.
- In der Physik gibt es Hinweise darauf, dass die Zeit auf fundamentaler Ebene nicht „fließt", sondern nur als Relation zwischen Zuständen existiert (z. B. in der Quantengravitation oder in Wheeler-DeWitt-Gleichungen).
- Wenn es keine Zeit gäbe, sondern nur eine „logische Notwendigkeit", dass ein Zustand dem anderen folgt, dann wäre Zeit nur eine **menschliche Interpretation einer zugrunde liegenden Ordnung**.

4. Ist Realität ein fraktaler Irrgarten ohne festen Ausgang?

- Wenn jede Logik sich aus der vorherigen entwickelt, könnte das Universum ein **unendlicher Prozess der Strukturfindung** sein.
- Vielleicht gibt es keinen „Urpunkt" oder „Endpunkt" – nur ein nie endendes Spiel aus Mustern, die sich ständig selbst anpassen.
- Zeit wäre dann wie das Wandern durch diesen Irrgarten – nicht etwas, das existiert, sondern etwas, das durch unser Fortschreiten erst Sinn ergibt.

XXXI

Fazit

Wenn die Realität ein fraktales Labyrinth ist, dann ist Zeit nur die Art und Weise, wie wir den Wandel innerhalb dieses Labyrinths interpretieren. Sie existiert nicht „an sich", sondern als ein Effekt unserer Navigation durch eine Struktur, die in sich selbst keinen absoluten Anfang oder Ende hat.

Ich: Eine unkritische Masse, im soziologischen Sinne, kann Fehler größere Auswirkungen annehmen lassen, als das bei kleinen Gruppen oder Individuen zustande käme. Einzelne Leute, kleine Gruppen und große Gruppen fühlen sich durch andere Gruppen schnell bedroht. Aufrüstung ist eine plausible Folge. Fast alle Gruppen denken nur an ihre eigene Klientel, das ist oft die Gruppe selbst. Das kann von anderen gar als Verschwörung interpretiert werden. Wenn die Aufrüstung zu unerträglicher Zerstörung, also zum Tod führen kann, werden die Waffen und Werkzeuge ihres Sinnes beraubt. Folge kann eine Auslöschung sein oder ein Lernen.

Chat-GPT: Ja, das beschreibt einen zyklischen Mechanismus kollektiven Verhaltens, der sich immer wieder in der Geschichte zeigt.

1. Unkritische Masse und Eskalation

- In kleinen Gruppen kann ein Fehler korrigiert werden, in großen Gruppen kann er sich exponentiell verstärken.
- Gruppendynamiken führen oft dazu, dass sich Bedrohungsgefühle gegenseitig hochschaukeln – ein Mechanismus, den man sowohl in Politik als auch in sozialen Strukturen beobachten kann.
- **Rüstung als Antwort auf Bedrohung** ist ein historisch bewährtes Muster – aber es führt oft dazu, dass die Bedro-

hung erst real wird, weil die andere Seite sich ebenfalls bedroht fühlt.

2. Verschwörungsdenken als Reaktion auf Gruppenzentrierung

- Wenn jede Gruppe primär ihre eigenen Interessen verfolgt, erscheint das aus Sicht anderer Gruppen als ein **geheimer Plan oder eine Verschwörung.**
- Aber oft ist das kein bewusster Plan, sondern einfach ein logisches Ergebnis von Gruppenselbstschutz.
- Paradoxerweise **führt das Misstrauen in eine Art sich selbst erfüllende Prophezeiung**: Jede Seite erwartet eine Bedrohung und beginnt, sich dagegen zu wappnen – was dann von der anderen Seite wiederum als Bedrohung wahrgenommen wird.

3. Die Entwertung der Aufrüstung durch die Möglichkeit totaler Zerstörung

- Wenn Waffen die potenzielle Zerstörung so groß machen, dass ihr Einsatz das Überleben gefährdet, verlieren sie ihren eigentlichen Zweck.
- Das war z. B. während des Kalten Krieges zu beobachten: Die Logik der „gegenseitig gesicherten Zerstörung" (MAD – Mutually Assured Destruction) machte einen direkten Konflikt zwischen Supermächten irrational.
- Die Konsequenz kann sein: **Entweder Auslöschung oder Lernen.**

4. Lernen oder Auslöschung? Ein zyklischer Mechanismus

- **Lernen** bedeutet, zu erkennen, dass unendliche Eskalation in die Sackgasse führt und dass Kooperation überlebenstechnisch klüger ist.

- **Auslöschung** tritt ein, wenn die Lernfähigkeit der Gruppe oder Spezies nicht ausreicht, um die destruktiven Tendenzen rechtzeitig zu stoppen.
- Die Frage ist: **Braucht es erst die Katastrophe, um zur Einsicht zu kommen? Oder reicht abstrakte Vernunft?**

5. Ein Fraktal des Lernens?

- Wenn Lernen durch Schmerz erfolgt, kann man es als fraktales Muster in der Geschichte betrachten: Jede Eskalation führt irgendwann zu einer Grenze, an der entweder ein Zusammenbruch oder ein Umdenken erfolgt.
- Vielleicht ist das ein Naturgesetz des Sozialen: **Eine Zerstörungsspirale kann nur durch eine neue Erkenntnis unterbrochen werden – oder sie läuft bis zur Selbstvernichtung weiter.**

Fazit:

Der Zyklus von Bedrohung, Aufrüstung und Eskalation ist eine Art soziologisches Naturgesetz. Es bleibt die Frage: **Ist Lernen der einzige nachhaltige Ausweg, oder ist Auslöschung ein genauso legitimer Ausgang in diesem Spiel?**

Ich: Die Mondlandung, 9/11, der Holokaust,... ich halte all das für reale geschichtliche Ereignisse. Jedoch weiß ich es nicht genau, da ich kein Zeuge der Ereignisse war oder sie nicht untersuchen konnte. Demnach muss ich diese als mal mehr mal weniger Wahrscheinlich ansehen. Die Masse der Leute glaubt hier aber entweder daran oder nicht, Zwischentöne sind anscheinend nicht sonderlich gefragt. Jemand der unsicher ist, hat auch manchmal gegenüber den "Überzeugten", die mit 200%iger Sicherheit auch dann handeln können. Unsichere Leute, die oft wahrhaftig genannt werden können, tun sich gerade mit Entscheidungen die möglicherweise schwerwiegende Folgen haben, schwer. Das geht bis zu Depression oder zu harmloserer Prokrastination.

Chat-GPT: Ja, du beschreibst einen grundlegenden Konflikt zwischen **Wahrheitssuche, Gewissheit und sozialer Dynamik.**

1. Die Spannung zwischen Überzeugung und Unsicherheit

- **Glaubenssicherheit vs. Wahrscheinlichkeitsdenken:** Die meisten Menschen möchten klare Antworten – sie „glauben" an etwas oder nicht. Das liegt daran, dass **Unsicherheit unbequem ist** und schnelles Handeln behindern kann.
- **Wahrhaftigkeit vs. Entscheidungsstärke:** Wer **Unsicherheit anerkennt**, reflektiert mehr, wägt sorgfältig ab – das kann einerseits zu **weisen Entscheidungen**, andererseits aber auch zu **Paralyse** führen.
- **Masse vs. Individuum:** In Gruppen ist klare Überzeugung oft nützlicher als differenziertes Denken – deshalb setzen sich oft Leute durch, die „mit 200% Sicherheit" auftreten.

2. Soziale Folgen der Unsicherheit

- **„Überzeugte" strahlen Selbstvertrauen aus**, was sie in sozialen Strukturen oft erfolgreicher macht.
- **Unsichere Menschen erscheinen oft zögerlich**, selbst wenn ihre Denkweise realistischer ist.
- In der Politik, in Religionen und in Ideologien zeigt sich immer wieder, dass **die lautesten Stimmen nicht unbedingt die klügsten sind – aber sie setzen sich oft durch.**
- **Depression und Prokrastination:** Wenn jede Entscheidung hinterfragt wird, kann es schwerfallen, überhaupt zu handeln – was in persönlichen Krisen (z. B. Depression)

oder ineffizientem Verhalten (z. B. Prokrastination) münden kann.

3. Der Preis der Wahrhaftigkeit

- **Skepsis und Ungewissheit sind anstrengend**, weil sie einen zwingen, immer wieder neue Informationen zu verarbeiten, statt sich mit einer festen Überzeugung „auszuruhen".
- **Aber sie sind auch ein Zeichen für intellektuelle Redlichkeit.**
- Die Frage ist: **Wie findet man ein Gleichgewicht zwischen der Bereitschaft, sich zu hinterfragen, und der Fähigkeit, dennoch zu handeln?**

4. Ein möglicher Lösungsweg: „Handeln in Wahrscheinlichkeiten"

- Statt nur an „100% sicher" oder „100% unsicher" zu denken, könnte man **in Wahrscheinlichkeiten handeln**:
    - **„Es ist sehr wahrscheinlich, dass X wahr ist, daher handle ich danach."**
    - **„Ich bin unsicher über Y, also beobachte ich weiter, anstatt vorschnell zu urteilen."**
    - **„Z ist extrem unwahrscheinlich, aber nicht unmöglich – also bleibe ich offen für neue Erkenntnisse."**
- Das bedeutet: **Kritisches Denken ja – aber ohne in Entscheidungsstarre zu verfallen.**

Fazit

Die Welt verlangt oft klare Meinungen, aber das Leben ist selten schwarz-weiß. Wer sich seiner Unsicherheiten bewusst ist, hat oft eine **tiefere Einsicht**, doch das macht ihn auch angreifbarer in einer

Gesellschaft, die schnelle Antworten bevorzugt. **Die Kunst besteht darin, sich nicht von Unsicherheit lähmen zu lassen, sondern mit ihr zu leben und dennoch Entscheidungen zu treffen.**